Quint Buchholz · Michael Krüger
Wer das Mondlicht fängt

Quint Buchholz · Michael Krüger

Wer das Mondlicht fängt

Bilder und Gedichte

Sanssouci

1 2 3 4 5   2005 2004 2003 2002 2001

ISBN 3-7254-1213-8
Alle Rechte vorbehalten
© Sanssouci im Verlag Nagel & Kimche AG, Zürich 2001
Satz: Satz für Satz. Barbara Reischmann, Leutkirch
Lithos: Karl Dörfel GmbH, München
Druck und Bindung: Franz Spiegel Buch GmbH, Ulm
Printed in Germany

Wer gedacht hat, daß der Himmel samt Sonne, Mond und Sternen in dem Maße an Glanz und Anziehungskraft verliert, in dem wir ihn erforschen und durchkreuzen, hat sich mächtig geirrt. Das Gegenteil ist der Fall. Je mehr wir von der Unendlichkeit des Universums wissen, desto mehr bewundern wir das ausgeklügelte System, das es im Gleichgewicht hält. Und auch die Faszination, mit der wir Sterblichen die Planeten am Sternenhimmel betrachten, hat nicht nachgelassen.

Das gilt ganz besonders für den Maler Quint Buchholz, einen Sternengucker und Mondsüchtigen, der nur dann nicht den Blick nach oben richtet, wenn er ihn auf das weiße Blatt heftet, auf dem er seine Himmelsbilder entstehen läßt. Nach dem Band mit Buchmotiven (»BuchBilderBuch«, 1997) und dem Wasserbuch (»Am Wasser«, 2000) folgt nun das Himmelsbuch. Seiner Einladung, das Firmament zu beschriften, bin ich nur zu gerne nachgekommen.

April 2001   Michael Krüger

In jedem Pinguin verbirgt sich
ein gefallener Engel.
Früher eine kosmopolitische Autorität,
versieht er jetzt als Hausdiener
seinen Dienst. Seit er nicht mehr
fliegen kann, ist der Herr persönlich
für die Nahrung zuständig.
Kost und Logis, mehr hatte der Pinguin
nicht erwartet. Nur der Schrei
der Möwe erinnert ihn
an seine alte Arbeitsstätte
im sonnigen Universum.

Gesang der Schnecke

In meinem blauen Container
mischen sich Himmel und Wasser.
Die Fragen nach Eigentum,
Herkunft oder Identität,
in meinem Universum
werden sie nicht gestellt.
Die alten Zuordnungen und Grenzen,
die mein Leben zwischen den Steinen erschweren,
hier gelten sie nicht.
Mein Unternehmen ist sowohl an den Börsen des
Himmels
wie des Wassers notiert.
Ich bin für die Globalisierung.
Seit mein Boot brennt,
fallen die Kurse
ins Wasser.

Immer wenn wir hinuntergehen
zum Wasser, versperrt uns der Mond den Weg.
Noch lärmen fiebrig die Grillen
und zerren die Erinnerungen aus dem Gebüsch,
unter dem still die Enten nisten.
An solchen Tagen hockt die Stille im See,
bereit, sich auf uns zu stürzen.

Bootsverleih

Wenn es aufklart,
vermietet der Butt seine Boote.
Er erklärt mir geduldig
Untiefen und Strömungen.
Auch die Natur altert,
murmelt er freundlich,
aber so langsam,
daß Sie es nicht merken.
Ich will hinüber zur Insel.
In meinem Koffer
liegt Kants Schrift
vom ewigen Frieden.
Die Feindbilder lasse ich
auf dem Festland zurück.

Manche Dichter sitzen am Schreibtisch
und suchen Reime für die Nacht,
finden sie einen, ist es vollbracht.
Wir fahren nachts im Boot über den See
und lassen den Himmel dichten.

Vor meinem Bett
steht ein Löwe.
Er muß in der Nähe
leben, denn er kommt
regelmäßig vorbei,
einmal im Monat.
Wenn er da ist,
schlafe ich ruhig.
Kein böser Traum
traut sich in seine
Nähe.

Auf Europas Straßen sterben
jedes Jahr dreihunderttausend Menschen,
wenn wir der Statistik glauben dürfen.
Beim Fahren mit dem Einrad
auf Telegraphendrähten dagegen
starb in den letzten Jahren nur einer,
mein Freund Mirko aus Zagreb.
Dennoch ist es nach wie vor verboten.
Also muß ich nachts üben, bei Vollmond,
wenn die Gespräche billiger sind.

Betrifft: Erziehung

Trotz aller Bemühungen ist es uns
nicht gelungen, dem kleinen Bären
ein zirkusmäßiges Benehmen beizubringen.
Unsere Pädagogen sind ratlos.
Sobald sich der volle Mond zeigt,
klettert der Bär auf das Dach
und beginnt mit dem Planeten
zu sprechen. Jede Zurechtweisung
ist zwecklos, er besteht brummend
auf seinem albernen Tun.
Unser Gutachten kommt zu dem Schluß,
ihn dem Kinderzirkus zu übergeben,
vielleicht finden Kinder Vergnügen
an diesem sinnlosen Spiel.

»Es gehört leider zu meiner Natur«,
sagte die Waldohreule zur Maus,
»daß ich dich fressen muß.
Aber ganz unberührt davon
ist unsere gemeinsame Verehrung
des Mondes. Sieh nur,
wie er das Tal erhellt!
Große Oper, Gefühle!
Nur mit der *clementia* hapert es,
sehr zu meinem Bedauern.«
Mit diesen Worten zog sie sich
den Frack gerade, schloß die Augen
und überließ sich ihrer Natur.

Es war kein Verbot,
aber ich sollte nicht mit ihm spielen.
Er ist nicht ganz richtig im Kopf,
war die Meinung meiner Eltern.
Sein Vater war Erfinder,
der niemals etwas Rechtes erfand.
Keine Patente, kein Geld,
halt dich fern von solchen Leuten.
Ich war ganz anderer Ansicht.
Seine Methode jedenfalls,
auf einem einfachen Strich den Mond
zu erreichen – alle Achtung!

Meine Großmutter fand ihren Schwiegersohn
ungebildet; Vater dagegen behauptete,
die Großmutter könne nicht kochen.
Meine Mutter schob alles dem Großvater
in die Schuhe, der die Meinung vertrat,
seine Tochter sei total übergeschnappt.
Als ich aus dem Fenster kletterte,
um an die frische Luft zu kommen,
stand das Haus auf dem Kopf.
Kein Wunder bei unserer Familie.

Ich schreibe an einer Biographie über Jakob Krantz,
den Dubnower Maggid, einen weisen jüdischen Bruder.
Er schrieb ein schönes Jiddisch, wie es heute leider
kaum einer spricht. Dubnow soll es noch geben.
In der Stadt hier weiß keiner, wer ich bin
und was ich treibe, das ist gut so,
meine Eltern stammen von hier.
Essays
von mir erscheinen im »Almanach für die jiddischen Schreiber«
in Tel Aviv und New York, ich selbst reise nicht
mehr. Nachts lasse ich immer das Licht brennen.
Denn sollte es Gott gefallen, mich zu besuchen,
soll er mich ohne Umstände finden.

Im Hotel »Golden Star«
gehen die Lichter aus.
Die Schrift verlöscht
im Gedächtnis der Nacht.

Den Sommer verbrachten wir
auf dem Dach des Hauses.
Zwei Küchenstühle hörten sich
unsere Erzählungen an,
von denen keine gut ausging.
Jetzt schläfst du wieder
in deinem eigenen Zimmer
jenseits der Straße,
und ich erzähle zu Ende,
was unsere Geschichte war.

»Warum«, fragte sie mich,
in New York, am hellichten Tag,
»warum hast du mich gefunden
unter zehn Millionen Menschen?«
»Ich war so zerstreut wie du,
da blieb mir nichts anderes übrig«,
war meine ehrliche Antwort.
Schon schlief sie beruhigt ein.

Der Streit hatte zwei Hände,
die sich nicht lösen wollten.
So wurde aus einem Abschied
ein Bleiben. Die Hoffnung blieb
trocken unterm Regenschirm.

Wenn der Schlaf sich ächzend
von Zimmer zu Zimmer schleppt,
flüstern die wachen Stunden
mit dem wildfremden Mond.
Jetzt müßte ein Boot ablegen
in dem mausgrauen Himmel,
weit weg von aller Menschenwärme.

Es ist alles eine Frage der Entfernung.
Massen, die uns eben noch an Kirchen
denken ließen, fallen zusammen zu Massen.
Ich bin nicht schwindelfrei, und schon
trübt der Abend die Augen. Unser Wollen
ist größer als unser Können, heißt es,
das wußte keiner besser als der Mond.

Große und kleine Planeten leben zusammen,
und hinter den Sternen weitere Sterne.
Wie soll man sie zählen? Das Auge gibt auf.
Das Problem der Unendlichkeit soll
die Mathematik lösen oder die Musik.
Oder der Sand. Nie hat jemand gefragt,
wie viele Sandkörner unter den Huf
eines Kamels passen.

Das ist das letzte Bild
von meinem Vater und mir.
Wir waren ans Meer gefahren,
hatten uns in einen Strandkorb gesetzt
und stundenlang übers Wasser geschaut.
Mein Vater sprach, wie er es sonst
nie getan hatte. Schön wars
und peinlich, ihm zuzuhören.
Was er mir sagen wollte?
Keine Ahnung. Aber ich wußte,
es war lebenswichtig für uns beide.
Später hat er etwas in den Sand
direkt am Wasser geschrieben,
obwohl er doch wissen mußte, daß die Wellen
den Text sofort wieder löschen würden.

Natürlich kam mir der Treffpunkt sonderbar vor.
Ich kannte alle Orte, an denen der Apostel Paulus
an Land gegangen war, nur diesen nicht.
Ich lieh mir ein Ruderboot, ein Motor war verboten.
Der Verleiher hieß Christos, ein Kreter,
er lachte über meinen braunen Anzug.
Sie interessieren sich also für Paulus,
sagte er grinsend, er freut sich über jeden Dollar.
Woher wußte er, was sich in meinem Koffer befand?
Kommen Sie heute zurück oder nie? bohrte er
weiter, aber ich konnte nicht antworten.
Wenn ich das Ding überlebe, werde ich
ihm alle Boote abkaufen und versenken.

Es ist nichts passiert,
was sich aufschreiben ließe.
Nur ist die Welt manchmal
so groß, daß die Worte
sich darin verlieren.
Dann gehe ich zum See
und schaue den Enten zu.
Wenn die Wellen, die sie
im Wasser bilden, das Ufer
erreichen, strecke ich mich
im hohen Gras aus und bin
nicht mehr zu finden.

Zu kalt war das Haus,
mein hauchdünner Schlaf
konnte die Schindeln nicht wärmen.
Über den See war ich gerudert
mit den letzten Vögeln,
die hatte das Schweigen verjagt.

Ich bin ein Reisender in
undurchsichtigen Sachen.
Man kennt mich auf allen
fünf Kontinenten, jeder Zoll glaubt
meinem gefälschten Paß.
Nur ich selbst kenne mich
nicht. Als Mitbürger verkleidet,
halte ich mich zum Narren.
Meinem Haus bin ich schon
lange entwachsen, das gilt
auch für meinen Koffer,
der mich seit Jahren enthielt.
Nun bin ich allein,
ein Reisender ohne alles,
und keiner weit und breit,
der sich an mich erinnert.

Mann und Schwein

Mein Haus hat sich
auf den Weg gemacht,
nach Osten.
Auch mein Schwein
hält es nicht länger
am Ort.
Das Hinterland unserer Sehnsucht
verliert sich im Dunkel.
Nur mein Sessel weiß,
wo seine Heimat ist.
Mein Sessel bleibt dankbar
bei mir.

Das Inventar des Himmels ist leer,
die Sterne alle kassiert.
Ich wollte dem Kind eine Sternschnuppe
zeigen, das schönste geräuschlose Spiel,
das ein müder Gott sich erfand.
Vielleicht brauchen wir nichts zu wünschen?
Vielleicht leben wir schon im Paradies?

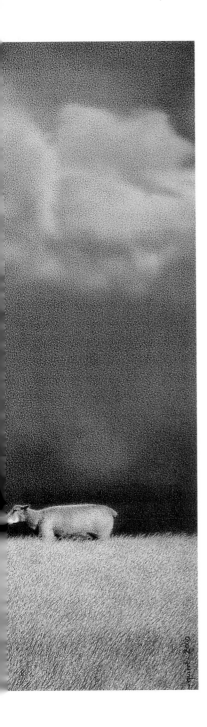

Wir sind nur die Schafe
unter einem dramatischen Himmel.
Eine Welt ohne Menschen
ist für uns vorstellbar: alles andere
wäre wollige Schönfärberei.
Auch wir träumen davon,
daß uns Flügel wachsen.
Doch das strenge Votum der Wolken
hält uns fest auf der Erde.

Gewissermaßen persönlich

In meinem Wagen ist nur Platz
für acht bis zehn Bücher, sie stehen
auf einem Bord über dem Bett,
wenn dieser Begriff erlaubt ist.
Mein Lieblingsbuch ist Hesiods
»Werke und Tage«. Als kürzlich
eine Reporterin des »Abendblatts«
mich interviewte – wie jedes Jahr:
Ein Gespräch mit dem Schäfer –,
stellte sich heraus, daß sie
weder Hesiod noch sein Buch kannte.
Also gehört sie zu Athen
und hat hier nichts zu suchen.
Verblüfft hat sie auch, daß ich
jedes meiner Schafe kannte.
In der Zeitung las ich dann:
Er liest Hesiods »Werke und Tage«
und kennt jedes seiner Schafe
gewissermaßen persönlich.

Ich bin der Betrübte.
Alle Versuche, mich aufzuheitern,
schlugen fehl.
Warum lachst du nicht,
fragen die Menschen.
Worüber, antworte ich,
ich will mit der Hoffnung
nicht verhandeln.
Weil ich schlaflos bin,
gehe ich nachts spazieren.
Ich höre die Tiere atmen,
die Schatten flüstern mir zu.
Einmal fand ich ... doch
darüber will ich nicht reden.

Weil nichts mich festhielt,
keine Arbeit, kein Staat, keine Familie,
bin ich auf Wanderschaft gegangen.
Ich wusch mich im Bach, aß Beeren
und Pilze, und nachts hörte ich
dem Knistern der Insekten zu,
ihren scholastischen Subtilitäten.
In meinem Koffer verwahrte ich
meinen Roman »Das endlose Ende«.
Eines Abends lag ein Stern
direkt vor meinen Augen.
Der Himmel war dunkel verhangen,
so daß ich nicht sehen konnte,
ob er oben fehlte. Ich schloß
langsam die Augen, schlief ein.

Auch der Mond,
durch ein unzertrennliches Schicksal
an uns gekettet,
kann uns nicht helfen.
Er besitzt keinen biologischen Wert.
Von seinen Sternen umgeben,
ist er das Ideal der Unwandelbarkeit:
Ein kalter König in einem verkabelten Reich.
Kratergebirge, der Boden durchlöchert
wie ein Sieb.
Von seiner Höhe aus
wird das Leben etwas weniger wichtig,
sagen alle, die in seinem Licht
nach Hause kommen,
trockenen Fußes, weil er der Erde
das Wasser entzieht.

Von jenseits leuchtet kein Stern mehr,
und was dort vor sich geht,
werden wir nie mehr erfahren.
Ich tauche zurück in die andere Welt,
die einen Boden hat,
auch wenn keine Fußspur dort haftet.

Wir hatten uns verabredet,
nachts, zwischen den Dörfern,
unter dem abnehmenden Mond.
Sie wollte ihr Pferd mitnehmen,
ich schleppte den Koffer.
Ich hatte mir jedes Wort überlegt.
Sie sollten leicht sein, aber nicht vage,
bestimmt, aber nicht zu schwer.
Das Wort Liebe lernte ich auswendig,
um es nicht gebrauchen zu müssen.
Auf der Höhe der Zypressen,
die wie Dolche in der Erde steckten,
gingen wir grußlos aneinander vorbei.

Auf diesen Moment mußte ich
lange warten. Einmal regnete es,
ein andermal verschlief ich,
dann kamen die Sommerferien.
Aber am 5. Oktober war es
endlich so weit: Der Mond
stand direkt über dem First
unseres Hauses, ich brauchte
ihn nur mit den Zehenspitzen
anzutippen, schon rollte er
zu Dir.

Ich habe tagelang versucht,
sie telefonisch zu erreichen.
Ich verbrachte den Tag
neben dem Telefon,
bis mir die Finger schmerzten.
Erst hieß es, sie sei verreist,
dann, sie wolle meditieren,
schließlich war sie angeblich
von schwerer Krankheit befallen.
Als der Mond eine Sichel war,
nahm ich mir ein Herz
und suchte sie auf,
einen leeren Brief in der Hand.
Wenig später, als der Mond
wieder voll war, verließ sie
für immer die Stadt
und heiratete in New York
einen Zahnarzt von üblem Ruf.

Bis gestern war ich Direktor einer Bank,
jede Woche gingen Millionen D-Mark
durch meine Hände, ich vergab Kredite
und sperrte Konten, mit dem DAX
verband mich eine innige Freundschaft.
Seit gestern bin ich entlassen. Bin ich
kleiner geworden, schmelze ich ab?
Die Klinke, meinen Händedruck gewohnt,
schaut von oben auf mich herab.

Vierzig Jahre habe ich geschuftet,
von der Schulbank weg.
Habe Zahlen gehütet,
die Apathie des Zimmers verwiesen,
meine Seele geschützt,
ohne daß mir gedankt wurde.
Vierzig Steuererklärungen stehen
korrekt in einem Leitzordner,
vom Finanzamt genehmigt.
Jetzt wird es mir zu heiß.
Erst brannte der Tisch,
dann fing der Stuhl Feuer.
Ich verlasse ein geordnetes Haus.

Als ich das letzte Mal hier war,
mußte ich mich hochziehen,
um ins Fenster zu sehen.
Ich war zehn Jahre alt.
Meine Großeltern lebten noch,
sie hatten Hände aus Papier
und in den Augen einen Kummer,
der immerfort lächelte, wenn ich ins Zimmer trat.
Jetzt steht der Mond im Fenster
und kann sich nicht entscheiden,
ob er warm leuchten soll
oder kalt.

Natürlich kann man sich
den Schöpfer des Universums
als einen Gaukler denken.
Alles verrücktes Spiel,
Ausdruck beginnender Müdigkeit.
Nur manchmal, wenn wir
am Abend, einer Gewohnheit folgend,
uns auf der Wiese versammeln,
um die Nacht still zu begrüßen
sind wir vor Staunen sprachlos:
Um uns zu foppen, zeigt er uns
Proben seines großen Talents.

Jenseits des Erforschten
liegt das Unerforschte,
nicht zu sehen
mit unbewaffnetem Auge.
Lückenhaft bliebe
die Schöpfung,
wenn wir es nicht
erforschen wollten.
Ich bin schon dort,
dem Auge für immer
entzogen.

Seit Wochen wird im Dorf
darüber gestritten: Handelt es sich
bei dem weißen Fleck vor dem Haus
des Kutschers um verschüttete Milch
oder um ein extraterristrisches Zeichen?
Pferde, die an der Flüssigkeit leckten,
begannen zu lahmen, die Katze
des Apothekers ward nicht mehr gesehn.
Die Zeitung sprach entrüstet
von einer lokalen Schande,
seit Busse mit Neugierigen
das Dorf besuchen. Seit Tagen
ist nun auch der Kutscher verschwunden.
Der weiße Fleck bleibt,
eine offene Wunde im Dorf,
und keine Rede von Regen.

In jedem bedeutenden Buch
der Weltliteratur kommt eine Katze vor.
Man kann sagen, daß ohne uns
die große Literatur gar nicht existierte.
Manchmal sitzen wir nur dämlich
auf dem Schoß einer Mamsell,
dann wieder spielen wir eine Hauptrolle,
um die uns das Personal beneidet.
Insgesamt läßt sich behaupten,
daß unsere Rolle zu wenig gewürdigt wird,
zumal in der zuständigen Philosophie.
Im vorliegenden Buch vertrete ich
die Gattung. Ich bitte um Beachtung.

Mein Onkel Max war Kunstmaler,
der seine Bilder nicht verkaufen konnte.
Es ist alles eine Frage der Zeit,
sagte er zu seiner Frau und den Kindern,
eines Tages wird man uns die Bilder
aus den Händen reißen.
Von was lebt Onkel Max? fragte ich
meinen Vater. Er pokert um sein Leben,
war die Antwort, und wenn es nicht
reicht, liegt unter seinem Stuhl
immer ein Herz-As zur Reserve.

Ich bin ein König ohne Land
und ohne Geld. Die Scham steigt
in mir auf, wenn ich den König
spielen muß für ein paar Münzen.
Sogar den Purpurmantel hab ich
mir geborgt, den Hermelin, die Krone.
Nur die Verbeugung, die am Schluß
des Spiels des Königs fällig ist,
gehört alleine mir.

Der König

Noch kürzlich war ich hier König
(in einer aufgeklärten Monarchie).
Dann starb mein Pferd. Seit gestern
steht es eisern auf einem Sockel
vor meinem Palast, in dem morgen
das Finanzamt einziehen wird.
Seltsam, wieder ganz normale Anzüge
tragen zu müssen. Nur die Krone
habe ich mir erbeten,
damit mein Pferd mich erkennt.

Postkarte

Wo früher die Industriezone war
mit ihren eisernen Fördertürmen,
steht jetzt ein riesiges Buch.
Ein heller Lichtbach ergießt
sich aus ihm heraus auf die Wiese,
die unnatürlich grün ist.
Gerne würde ich in dem Buch lesen,
aber es wird von einem Löwen
bewacht, der mich davon abhält.
Löwe, Buch, Mensch –
ein seltsames Trio, unbewegt.

Ich lasse mich ungern überwachen.
Weder durch den Ausbau der Rationalisierung,
noch durch Innovationsprozesse oder gar
bessere Technologien. Die Welt halte ich
für ein kollektiv lösbares Problem,
auch wenn die Grauzonen zunehmen.
Nur mein Schatten bleibt ein Risiko.
Neuerdings nimmt er Hürden,
die ich noch laufend umgehe.

Alles, was wir sehen,
bekommt einen Namen.
Auch die Sterne,
die unter Lichtschwäche leiden.
Sie halten sich streng
an die Bahn des Kometen,
den Pilgerpfad,
der vor einen schimmernden Haufen
endet: den Plejaden.
Nur hier,
in diesem Staat im Staate,
geht es namenlos zu.

Von keiner Wissenschaft abgelenkt
hängt unser Auge am Himmel,
dem unendlichen Weltbild.
Von der Schlange gefoppt,
sind wir ins Paradies getaumelt,
als hätten nur wir Anspruch auf Leben.
Der Engel der Empirie geht vorbei,
die Aktentasche unterm Arm
mit den Plänen fürs Universum.
Es muß ein Ende haben,
murmelt er vergnügt vor sich hin,
damit wir den Anfang denken können.

Meine Eltern heißen Billie und Ella,
den eigenen Namen hab' ich verloren
auf meinen Reisen als Schiffshund
rund um die Welt. Ich wurde vom Wind
durchsucht und von Flöhen, sah oft
den Hungerstern leuchten und spürte,
wie ein Entsetzen wuchs in meinem Herzen
beim ersten Blick in den Hafen.
Kein Wasser mehr. Ich suche mir
eine Stelle als Hofhund und belle nur noch
dem Mond zu, einem alten Bekannten.

Meine Frau hat sich scheiden lassen,
weil ich nie mit ihr tanzen ging.
Du ungehobelter Klotz, schrie sie mich an,
hockst ewig im Sessel und schaust,
wie sich die Welt vor dir dreht.
Sie hatte recht. Seit ich allein bin,
übe ich täglich mit meinem Schatten.

Ich bin mir nicht ganz sicher,
ob ich in dieses Buch gehöre.
Ich bin mir nicht einmal sicher,
wer ich eigentlich bin.
Alles war eben noch fest und beständig,
sogar mein bebender Schatten.
Wenn ich die Arme ausbreite,
verschwindet der Boden.
Bitte, lieber Gott, steh mir bei
und laß mich nicht fliegen.

Eben noch standen wir lachend
unter den Kandelabern der Tannen
und bewunderten den silbrigen Frost,
der die Äste bekleidete, da fiel
plötzlich Nebel. Immer unvollständiger
war nun der Himmel, die Bilder
schmolzen vor unseren Augen. Wie Rauch
war die Atmosphäre, undurchdringlich
und weich. Wir blieben angewurzelt
stehen und warteten auf das Urteil.

Mein Bruder ist krank,
er kann weder sprechen noch spielen.
Jeden Abend schaue ich in den Himmel
und beobachte die Sterne.
Die Großmutter sagt: Der Junge
hat ein feines Gespür für Licht.

Moritz fand das Leben bei mir nicht lebenswert,
er wollte weg. Pauline war unsicher.
Ich selbst hielt mich raus, weil ich
Pauline liebte. Moritz sagte: Ihr könnt,
wenn ich nicht mehr da bin, ruhig
miteinander gehen. Pauline sagte:
Wieso? Mir brach es fast das Herz.
Nur der Mond hörte ungerührt zu.

Die Zigeuner ziehen weiter.
Drei Tage haben sie vor dem Dorf
gezeltet, gesungen, getanzt und geraucht.
Sie hatten Kinder in meinem Alter.
Einer von den Jungen hat mir eine Flöte geschenkt.
Mein Vater hat mich ermahnt,
die Türen ganz fest zu verschließen:
Jetzt muß ich vom Dach aus
mein Abschiedslied spielen.

»Warum hältst du die Hühner
auf dem Dach des Hauses?« fragte ich
den Großvater.
»Würden sie unten leben«,
war seine Antwort,
»müßten sie Steine
fressen, hier oben fressen sie Licht.«

Weil keiner zugeben wollte,
wer mein Fahrrad gestohlen hatte,
fand eine »Gegenüberstellung« statt.
Wir trafen uns auf der Flußwiese
hinter dem Dorf, Max, Paul,
Moritz, Jakob, Felix und ich,
verkleidet als Vogel.
Das Fahrrad blieb verschwunden.

Vermischtes

Wie aus gewöhnlich gut unterrichteten Kreisen
zu hören war, wurde gestern der Fernsehdirektor
der Deutschen Fernsehanstalten dabei ertappt,
wie er sämtliche ihm zugänglichen Antennen
zerbrach. Bei seiner Festnahme auf seine
Tat angesprochen, gab er zu Protokoll: Scham.
Er wollte nicht, daß die von ihm verantworteten
Programme angesehen würden. Nach dem Verhör
und seinem Geständnis wurde der Direktor
in das nächstliegende Irrenhaus verbracht.

Die Eltern brachen einen Streit vom Zaun,
Tassen flogen, ein Stuhl ging zu Bruch.
Als Kind ist man hilflos.
Was soll man schon sagen?
Es ist schön, in der Dunkelheit
auf den sonnengewärmten Stufen
der Kirche zu sitzen, bis man
endlich erwachsen ist.

Mein Großvater, christlich erzogen,
liebte die sanftmütigen Sterne.
Nur die Kometen, die Wunden rissen
in das feine Tuch des Himmels,
verabscheute er aus ganzem Herzen.
Unruhestifter, Chaoten, brummelte er,
verschanzt hinter seinem Fernglas.
Die Großmutter, die ihm beistand,
mußte bis zum Morgengrauen
horchen, ob Kometen durchs Weltall
sausten, bis sie die Sonne ins Bett
trieb.

Es ging alles sehr einfach.
Ich kletterte auf unser
Dach, in der Dämmerung,
als die Möwen auf dem Weg
waren zum Meer, stellte mich
auf die Zehenspitzen, ließ
die Jacke offen für den Wind,
und hob ab. Die Leute
im Dorf nennen mich Eule,
weil ich immer die Dämmerung
abwarte für meinen Flug.
So trage ich mich selbst
durch die Welt. Mein Lehrer
meint, ich sei eine Demütigung
für alles, was fliegt.
Meine Geschwister beneiden mich.
Doch es ist ein Neid,
der nach Verehrung riecht.

Wenn ich der Möwe hinterherschaue,
wie sie sicher die Turbulenzen durchkreuzt
und das Wasser auffordert, sich zu erheben,
mag ich dem blinden Zufall die Ehre nicht geben.
Auch das »öde, erntelose Meer« ist Teil
des Gesetzes der großen Weltmaschine.

Am Abend nahm ich die Gans
mit an den See. Wir sahen noch die Vögel,
die leise überm anderen Ufer kreisten,
den Mond und das stille Wasser.
Was sollte ich denken vor diesem Bild?
Bald würde es dunkel sein,
und kein Stern würde leuchten, die Finsternis
meiner kleinen Mitternacht zu mildern.

Obwohl im Meer keine Fische mehr leben,
fährt der Fischer bei Vollmond hinaus.
Ich darf ihn manchmal begleiten.
Früher war er Kapitän bei der Marine,
»vier Sterne auf jeder Schulter,
wenn du weißt, was das heißt«.
Er kennt jede Welle zwischen Afrika
und hier, jede Schaumkrone, jeden Seestern.
Wir fahren an die Stelle, wo wir
am besten das Mondlicht fangen können
mit unserem Käscher. Einen Eimer voll,
das langt, gegen sieben sind wir dann
wieder zurück mit unserer Beute
und können erzählen.

Plötzlich

Als plötzlich der Nebel fiel
und den Horizont verhängte
vor unseren Augen, entflammte
plötzlich ihre Leidenschaft,
die sie bei gleißender Sonne sittsam
versteckt gehalten.
Nicht nur mein Hut
ging über Bord, genau in dem Moment,
da sie mir ihre Liebe erklärte
mit aufschäumenden Worten.

Ich träumte von einem Haus ohne Insassen,
von einem Palast ohne König,
von einem Aufwand von Mitteln ohne Zweck,
von einer Erde ohne Menschen.
Als ich erwachte, war ich ganz allein.

Quint Buchholz, geboren 1957, lebt in Ottobrunn bei München. Er zählt zu den wichtigsten Illustratoren in Deutschland. Im Hanser Verlag erschien von ihm zuletzt gemeinsam mit Elke Heidenreich *Am Südpol, denkt man, ist es heiß*. Bei Sanssouci erschienen von ihm bereits das *BuchBilderBuch* (1997) und der Band *Am Wasser* (2000).

Michael Krüger, geboren 1943 in Wittgendorf/Zeitz, lebt seit vielen Jahren in München, wo er dem Carl Hanser Verlag sehr verbunden ist. Wenn ihn das Verlegen von Zeitschriften und Büchern nicht schlafen läßt, schreibt er selbst. Bei Sanssouci erschien zuletzt der Band *Das Schaf im Schafspelz und andere Satiren aus der Bücherwelt* (2000).